27

Ln 1660ʃ.

BIOGRAPHIE

DE

PIERRE-ANDRÉ POURRET.

BIOGRAPHIE

DE

PIERRE - ANDRÉ POURRET,

Né à Narbonne en 1754, mort à Santiago de Galice en 1818.

Il fut successivement :

ENDUCHER A L'ÉGLISE ABBATIALE DE SAINT-PAUL, A NARBONNE ;
SECRÉTAIRE DE S. ÉM. LE CARDINAL DE BRIENNE ;
MEMBRE CORRESPONDANT DE L'ACADÉMIE DES SCIENCES DE TOULOUSE ;
DIRECTEUR DU JARDIN BOTANIQUE DE BARCELONE ;
PROFESSEUR D'HISTOIRE NATURELLE A L'UNIVERSITÉ DE LA MÊME VILLE ;
SOUS-DIRECTEUR DU JARDIN BOTANIQUE DE MADRID ;
CHANOINE DE L'ÉGLISE CATHÉDRALE D'ORENSE ;
CHANOINE-TRÉSORIER DE L'ÉGLISE MÉTROPOLITAINE DE SANTIAGO.
DE GALICE, ETC.

—————————————

NARBONNE,

IMPRIMERIE D'EMMANUEL CAILLARD.

M DCCC LVI.

Rappeler à ses concitoyens le nom d'un savant modeste et éprouvé par le malheur ; — résumer en peu de mots les travaux qu'il accomplit, les services qu'il rendit à la science ; — rapporter aussi les honorables suffrages qu'il obtint durant sa carrière si brillamment commencée, si fatalement interrompue par les évènements politiques de 89 ; — contribuer enfin à faire retrouver ou à mettre en lumière les nombreux ouvrages manuscrits que Pierre-André Pourret a laissés après sa mort ; tel est le but de ce travail.

L. G.

BIOGRAPHIE

DE

PIERRE-ANDRÉ POURRET.

Pierre–André Pourret naquit à Narbonne vers le milieu du XVIIIe siècle. Après avoir parcouru avec distinction les divers degrés de l'enseignement ecclésiastique, il se livra avec une ardeur sans égale à l'étude de la Botanique et devint l'un des meilleurs élèves du docteur Pech, naturaliste distingué de notre ville [*] et collaborateur

[*] Voici comment M. Picot de Lapeyrouse, dans son HISTOIRE DES PLANTES DES PYRÉNÉES, s'exprime sur M. Pech, notre compatriote : « Il ne faut pas frustrer M. Pech de la juste recon-« naissance que les botanistes doivent à ses travaux. Il a souvent « parcouru les Corbières et fouillé avec assiduité les environs de « Narbonne, sa patrie. Il avait formé un jardin riche surtout en « plantes grasses; sa modestie et la pratique de la médecine nous « ont privé du fruit de ses observations. Il les a généreusement « communiquées à ses amis. »

des *Illustrationes Botanicæ* du chevalier Gouan. Après cette instruction préliminaire, l'abbé Pourret se rendit à Paris où il visita les cabinets d'histoire naturelle les plus célèbres, et suivit les cours spéciaux des professeurs du Jardin des Plantes.

Par ses infatigables recherches et par la position qu'il ne tarda pas à occuper auprès de MM. de Brienne (le cardinal et le lieutenant-général) dont il dirigea pendant quelques années le magnifique cabinet d'histoire naturelle, l'abbé Pourret se trouva en relations suivies avec la plupart des savants naturalistes de l'Europe : à Gigot d'Orcy, il fournissait d'excellentes notices pour son *Histoire des Papillons d'Europe ;* au baron Picot de Lapeyrouse, il communiquait le résultat des études qu'il avait faites pendant ses voyages en Catalogne, dans les Pyrénées, et au Monserrat, observations qui occupèrent bientôt une brillante place dans l'*Histoire des Plantes des Pyrénées* du savant botaniste toulousain ; car aux critiques quelquefois acerbes que M. de Candolle dirigea contre certaines assertions de M. de Lapeyrouse, celui-ci se borna fréquemment à leur opposer les opinions et les jugements du botaniste narbonnais, considérant ainsi la réfutation comme suffisante. Presqu'en même temps, l'abbé Pourret enrichissait le *Species Plantarum* de Wildenow, directeur du Jardin Botanique de Berlin, d'une foule de communications utiles, tandis qu'il entretenait avec Linné une correspondance suivie. Nous ne connaissons pas les lettres que l'abbé Pourret adressait au patriarche des Botanistes du XVIIIe siècle, mais elles devaient offrir à celui-ci un grand intérêt, puisqu'à la date du 20 février 1780, Linné lui écrit d'Upsal la lettre suivante que nous reproduisons ici en entier, tant elle nous a paru honorable pour notre savant et malheureux compatriote :

« CELEBERRIME VIR !

« Gratissimam tuam 19 jan. datam epistolam his diebus habui; nullam majori cum voluptate habere potui. Miror pulchram tuam plantarum viventium collectionem, majorem quam credo ullum alium possidere, et adhuc magis miror liberalitatem tuam ergà me, qui, nullo modo, hoc mereri potui.

« Video in hoc catalogo ut in priori nomina plantarum mihi omnia ignota, et sine dubio etiam plantæ mihi œquè incognitæ, quibus nominibus addidisti : Jussieu, Spiellmann, Cusson et tuum proprium.

« Tuâ veniâ, hic adjeci catalogum earum quæ mihi deficiunt et in catalogo tuo inveniuntur.

« Nullas litteras tam avide expecto ac tuas.

« Vale, Vir Celeberrime ! et me favere perge ;

« Vale.

« CAROLUS A LINNE. »

L'abbé Pourret ne se borna pas à entretenir des correspondances suivies avec la plupart des botanistes de l'Europe, il publiait aussi dans les différents recueils consacrés aux sciences naturelles des articles pleins d'intérêt sur la Botanique. Parmi ces articles, on remarqua surtout sa *Chloris Narbonensis* lue les 27 mai — 23 juin — 1 — 8 et 12 juillet 1784 à l'Académie des sciences de Toulouse, et insérée seulement par extrait dans le troisième volume des *Annales* de cette Académie. Dans cette revue de nos richesses botaniques, l'abbé Pourret citait 1200 plantes qui n'étaient pas mentionnées dans la *Flora Monspeliaca* de M. Gouan ; 230 qui n'étaient pas décrites dans les ouvrages de Linné, et 130 qui avaient été mal décrites ou confondues avec d'autres espèces. Ce Mémoire produisit une grande sensation à Toulouse, et dès ce moment l'Académie admit l'abbé Pourret au nombre de ses Membres Correspon-

dants ; elle lui demanda en outre l'autorisation
de faire imprimer in extenso sa *Chloris Narbonensis :* projet qui ne s'est jamais réalisé. L'abbé
Pourret n'en continua pas moins ses communications à l'Académie. En 1786 , on remarqua son
Mémoire sur deux nouveaux genres de *Liliacées,*
créés pour deux plantes inconnues en Europe et
recueillies à l'île Bourbon : à l'une il donna le
nom de *Lomenia-Borbonica* , comme souvenir
de sa gratitude envers la maison Loménie-de
Brienne,. et à l'autre celui de *Lapeyrousia com-
pressa* , pour consacrer l'amitié qui existait entre
lui et le botaniste toulousain.

L'abbé Pourret avait, en outre , composé plusieurs ouvrages qui sont restés en France à l'état
de manuscrits ; M. Julia-Fontenelle les a longtemps possédés à Paris. De ce nombre étaient :
une *Flore Narbonnaise ;*—un *Voyage Botanique
au Monserrat ;* — un *Itinéraire pour herboriser
dans les Pyrénées ;*—et un *Catalogue des Plantes
Usuelles des environs de Narbonne.* Ces divers
manuscrits ainsi que les Lettres de Linné à l'abbé
Pourret circulent aujourd'hui dans les collections
des amateurs d'autographes et d'histoire naturelle.

Mais ce n'est là qu'une simple énumération

des travaux de notre compatriote; voici comment un juge compétent, M. le baron Picot de Lapeyrouse, les a appréciés dans son *Traité des Plantes des Pyrénées* :

« M. André Pourret s'est occupé pendant plus de seize ans, avec toute l'ardeur de la jeunesse et une activité inconcevable, de la recherche et de l'étude des plantes des Corbières et des environs de Narbonne, sa patrie. Les Pyrénées lui inspirèrent un vif intérêt : il fit pendant plusieurs années de longues excursions dans le *Donnezan*, le *Capçir*, la *Cerdagne*; il fouilla jusqu'au dernier recoin du *Llaurenti*, de la vallée d'*Eynes*, du *Mont-Louis* et de ses alentours; il visita souvent la montagne de *Madres*, *Salvanaïré*, le *col* de *Jau*. Une occasion heureuse lui procura en 1783 l'avantage de voyager avec des savants recommandables, et d'acquérir de nouvelles lumières. Réuni à MM. Broussonnet et Sibthorp, il parcourut la plaine du Roussillon et la Catalogne. Ils virent à Barcelone l'herbier de Salvador, que Tournefort avait rendu si intéressant. Ils poussèrent jusques au *Monserrat*; et, après plus d'un mois de voyage, ils rentrèrent en France par *Nouri* et la vallée d'*Eynes*.

« M. Pourret avait tenu un journal raisonné de tout ce qu'il avait vu dans les pays où il était passé, et ne s'était pas borné aux seuls végétaux ; il avait aussi étudié et recueilli un grand nombre d'insectes, des papillons principalement. M. Pourret possédait un herbier des plus magnifiques ; il l'avait déposé dans le cabinet de MM. de Brienne, auxquels il s'était attaché. Les évènements de la Révolution l'ont fait passer en des mains étrangères. Doué d'une activité prodigieuse, M. Pourret était en relation avec presque tous les Botanistes de l'Europe ; il leur communiquait généreusement ses plantes. On a souvent abusé de cette facilité ; on s'est approprié ses découvertes, et on l'a dépouillé de sa propriété la plus chère. Étroitement lié avec lui, il m'avait confié ses manuscrits ; nous échangions loyalement nos richesses, et nous nous aidions réciproquement de nos conseils. C'est donc avec une pleine certitude que je l'ai rétabli dans la propriété de ce qui lui appartient si incontestablement [*].

---

[*] M. J.-B. Noulet, aujourd'hui professeur de Thérapeutique et de matière médicale à la faculté de Médecine de Toulouse, qui avec une obligeance extrême, a bien voulu me guider dans ce travail, m'a exprimé la même opinion ; et, convaincu des nombreux larcins qui ont été faits à l'abbé Pourret, il s'attache, toutes les

« M. Pourret avait conçu et exécuté en grande
partie le plan de plusieurs ouvrages importants :
il ne lui restait plus qu'à mettre la dernière main
à la monographie des *Statice* et à celle des *Cistes*.
La suite qu'il en possédait était étonnante. Les
recherches qu'il avait faites à Paris, soit dans les
herbiers anciens et modernes, soit dans les biblio-
thèques, étaient immenses. Les amis de la Botanique doivent amèrement regretter que des évènements aussi malheureux qu'inattendus nous aient
privés des lumières qu'un travail si savamment
exécuté aurait répandues sur ces deux genres de
végétaux. »

M. de Lapeyrouse fait ici allusion aux évènements de la Révolution de 89 et aux pertes que
la science a dû faire par le brusque départ de
l'abbé Pourret; car aucune trace de ses écrits
n'est restée à Narbonne.

Lors de l'émigration, l'abbé Pourret se dirigea
vers Barcelone où il était connu depuis longtemps,
et où il ne tarda pas à être nommé Directeur du
Jardin Botanique de cette ville et professeur

---

fois qu'il en trouve l'occasion, à le rétablir dans sa propriété en
donnant aux plantes découvertes par celui-ci le nom qu'il leur
avait primitivement donné.

d'histoire naturelle à l'Université. C'est durant son séjour à Barcelone que l'abbé Pourret publia une Notice Biographique sur les deux frères Salvador, naturalistes catalans très-distingués, et qui furent les amis et les collaborateurs de Tournefort et de Jussieu [*]. En parcourant cette brochure, écrite en très-bon castillan, je ne pus me défendre d'un sentiment de douloureuse sympathie pour le pauvre émigré qui payait sa bienvenue sur une terre étrangère, en consacrant la mémoire de deux savants catalans qui n'avaient pas encore eu de Biographe. La première phrase du Prologue me frappa surtout : « La mémoire « des hommes, dit l'abbé Pourret, qui se sont « signalés dans leur patrie par leur talent et leurs « connaissances, mérite aussi bien d'être conser- « vée que celle des héros qui ont vaillamment « défendu leur pays ; car les uns et les autres « concourent également à l'illustration de leur

---

(*) Cette brochure, le seul corps d'ouvrage imprimé de l'abbé Pourret que l'on ait encore retrouvé, fut envoyée à Narbonne à M. Laurent Causse, jeune médecin plein d'espérances, et enlevé à la fleur de son âge, en 1803 ; elle porte pour titre : Noticia historica de la familia de Salvador, por Don Pedro Andres Pourret ; en Barcelona 1796, por Matheo Barcelo, impresor, plaça de Junqueras.

« commune patrie. » Et c'était un proscrit , un homme de talent dont le nom et les travaux devaient peut-être rester à jamais inconnus de ses compatriotes , qui témoignait ainsi sa sollicitude pour deux savants étrangers !

Ces bons sentiments si noblement exprimés m'attachèrent encore davantage à l'abbé Pourret et me décidèrent à faire de nouvelles recherches pour retrouver ses ouvrages , avec d'autant plus d'intérêt que je venais de lire dans sa Notice des Salvador qu'il préparait une *Flore Espagnole* , qui pourrait faire suite , disait–il , et servir de complément à la *Flore* de D. José Quer et à celle de D. Antonio Palau , « car cet ouvrage contien- « dra » ajoute l'abbé Pourret « la description de « DEUX MILLE plantes espagnoles omises par Quer « et de MILLE oubliées par Palau ou mal décrites « par ce dernier. » Pour publier ce travail , M. Pourret , qui décline sa condition d'étranger, sollicitait les encouragements du gouvernement espagnol. Mais l'époque était trop mauvaise pour les paisibles conquêtes de la science ; l'encoura- gement réclamé ne fut jamais accordé. L'ouvrage annoncé en 1796 fut néanmoins poursuivi et continué , car M. Picot de Lapeyrouse , dans le

supplément de son *Histoire des Plantes des Pyrénées*, qu'il publia en 1818, le mentionne en ces termes : « M. l'abbé Pourret, chanoine-
« trésorier de l'église métropolitaine de Santiago,
« en Galice, a bien voulu contribuer pour sa
« part à ces Additions. Ses longs travaux sur les
« plantes des Pyrénées sont connus; l'herbier de
« Salvador à Barcelone, dénommé par Tourne-
« fort et Jussieu, dont il fut le guide et le com-
« pagnon fidèle en Espagne, a été l'objet des
« études les plus assidues de M. Pourret. Il a
« connu à fond cette précieuse synonymie; il l'a
« rapportée dans sa *Chloris Hispanica*, fruit de
« plus de vingt années de voyages dans toutes
« les Espagnes. Il est à craindre que les Botanistes
« ne soient privés de cet important ouvrage, la
« vue de l'auteur, fortement affaiblie, ne lui
« permet pas de s'occuper d'un travail assidu. »

Hélas! en effet, à l'époque où écrivait M. de Lapeyrouse, l'abbé Pourret touchait aux derniers termes de sa carrière; car dans un Nécrologe de 1818, se trouve cette mention : « P O U R R E T
« (Pierre-André), prêtre de l'ancien Diocèse de
« Narbonne, chanoine de Santiago de Galice,
« est mort, âgé de 64 ans. »

Quelques mots suffiront à expliquer les pérégrinations de l'abbé Pourret en Espagne : de Barcelone, il fut appelé à Madrid, pour y remplir les fonctions de Sous-Directeur du Jardin Botanique de cette capitale ; il fut ensuite pourvu d'un canonicat à l'église cathédrale d'Orense, et, de là, il passa chanoine-trésorier en l'église métropolitaine de Santiago, de Galice, où il continua à cultiver sa science favorite, car Don Ramon de la Sagra, membre correspondant de l'Institut de France, et Directeur du Jardin Botanique de La Havane, à qui la science est redevable d'un splendide ouvrage sur l'histoire naturelle de l'île de Cuba, m'a dit avoir suivi les leçons de Botanique que donnait l'abbé Pourret à Santiago, et faisait le plus grand cas du savoir de notre compatriote.

De tout ce qui précède, il est incontestable que l'abbé Pourret a laissé des travaux considérables inachevés. A Narbonne ils sont inconnus : ni son neveu, ni M. Delort, ni MM. Pech n'ont pu me donner le moindre renseignement à cet égard ; il en a été de même à Toulouse. Seulement, en 1849, un botaniste italien, M. Bubani, m'assura avoir vu la plus grande partie des travaux manuscrits de notre compatriote. Je le priai de vouloir bien m'en dire les titres et de me faire connaître le lieu de leur dépôt; mais avec une rudesse sans égale, M. Bubani refusa de me donner le moindre renseignement. Quelque désobligeante qu'ait été la conduite de ce botaniste à mon égard, cependant ses assertions me donnèrent l'espoir qu'il ne serait pas impossible de retrouver un jour la trace des ouvrages de l'abbé Pourret.

Vers la fin de 1851, j'appris que M. Pascal, de Narbonne, fils de l'ancien Préfet, allait entreprendre un voyage d'instruction et d'agrément en Espagne, je le priai de vouloir bien s'enquérir du sort de notre malheureux compatriote, et lui donnai les renseignements nécessaires pour procéder à ces investigations. A son retour, M. Pascal me dit qu'il ne m'apportait rien, mais qu'il espérait recevoir incessamment une réponse à mes questions. En effet, au mois de février 1852, il me remit deux lettres : l'une de M. Cabaleïro, de Madrid, l'autre de M. Seoane, conservateur de la Bibliothèque Royale de cette capitale. Dans la première, M. Cabaleïro annonce « que « M. Pourret jouissait dans les dernières années « de sa vie d'une dotation sur les revenus de

« l'opulent hôpital de Santiago ; dans la seconde,
« M. Seoane nous apprend qu'avant sa mort,
« l'abbé Pourret avait colligé un Herbier qu'il
« légua à l'*École de Pharmacie*, qui existait
« alors à Santiago de Galice. Lorsque le gouver-
« nement espagnol supprima cette école, ajoute
« M. Seoane, il fit diriger toutes les collections
« sur l'*École de Pharmacie* de Madrid. L'herbier
« de l'abbé Pourret (*El Herbario Pourret*) fut
« dès-lors classé et conservé dans les collections
« de cette faculté. Cet herbier est très-bien
« ordonné, et à la première vue, on reconnaît
« qu'il a été formé par une personne très-versée
« dans la Botanique. Il n'existe à Madrid ni à
« l'École de Pharmacie, ni à la Bibliothèque
« Royale, aucun ouvrage manuscrit ou imprimé
« de l'abbé Pourret. »

De l'assertion de M. Seoane, il ne s'ensuit
pas rigoureusement que les manuscrits de l'abbé
Pourret soient définitivement perdus ; il nous
paraît au contraire impossible que des précautions
n'aient pas été prises pour sauver de la destruc-
tion les notes qui devaient servir à son grand
ouvrage sur la *Flore Espagnole*, fruit de vingt
années d'études, et dont M. de Lapeyrouse

regrettait de ne pas avoir eu la communication. On sait combien la recherche des manuscrits est pénible et hérissée de difficultés surtout lorsque la classification en est imparfaite ; d'un autre côté, on ne connaissait pas à Madrid la notice des Salvador, par Pourret, imprimée à Barcelone en 1796, il ne serait donc pas étonnant que tous ses manuscrits ne fussent pas arrivés dans cette capitale. L'envoi de cette Biographie, en Espagne, dans les différentes villes où a résidé l'abbé Pourret, provoquera peut-être de nouvelles recherches, et fera rendre à notre savant et malheureux compatriote la justice tardive qu'il mérite à tant de titres.

L. GALIBERT.

<hr>

P. S. Vouloir bien adresser tous les renseignements relatifs à PIERRE-ANDRÉ POURRET à M. le Président de la Commission Archéologique de Narbonne.